EAGLES

ISBN: 978-1-5400-5087-8

HAL•LEONARD®

Visit Hal Leonard Online at
www.halleonard.com

Contact us:
Hal Leonard
7777 West Bluemound Road
Milwaukee, WI 53213
Email: info@halleonard.com

In Europe, contact:
Hal Leonard Europe Limited
42 Wigmore Street
Marylebone, London, W1U 2RN
Email: info@halleonardeurope.com

In Australia, contact:
Hal Leonard Australia Pty. Ltd.
4 Lentara Court
Cheltenham, Victoria, 3192 Australia
Email: info@halleonard.com.au

TAKE IT EASY

Words and Music by JACKSON BROWNE
and GLENN FREY

Moderately fast

Well, I'm a -
run-nin' down the road try'n' to
run-nin' down the road try'n' to

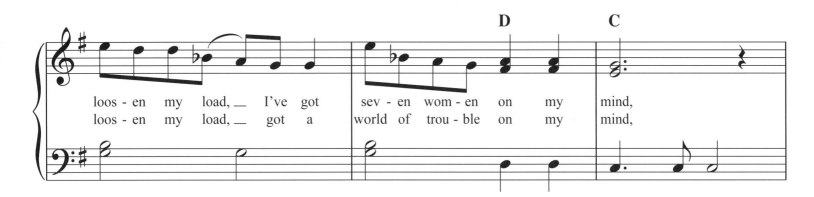

loos-en my load, __ I've got
loos-en my load, __ got a
sev-en wom-en on my mind,
world of trou-ble on my mind,

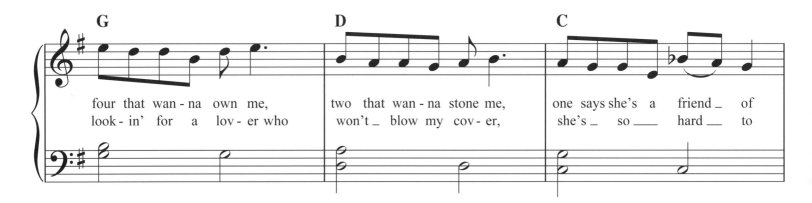

four that wan-na own me,
look-in' for a lov-er who
two that wan-na stone me,
won't __ blow my cov-er,
one says she's a friend __ of
she's __ so __ hard __ to

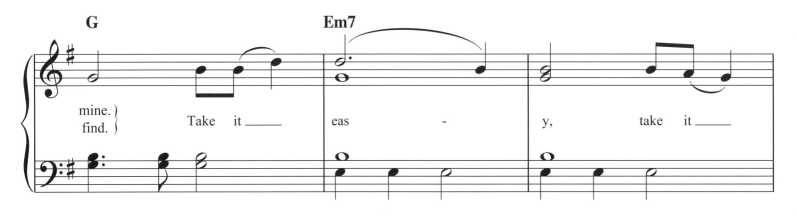

mine.
find.
Take it __ eas - y, take it __

5

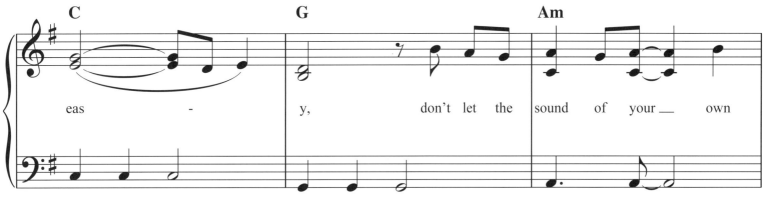

easy, don't let the sound of your own

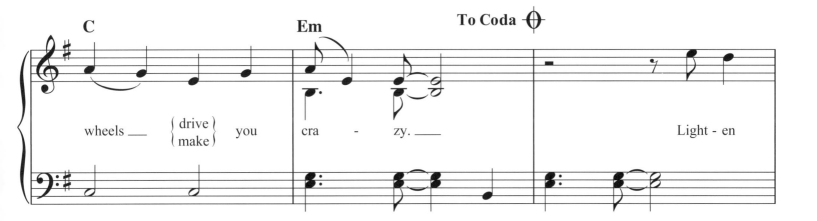

wheels drive/make you crazy. To Coda. Light-en

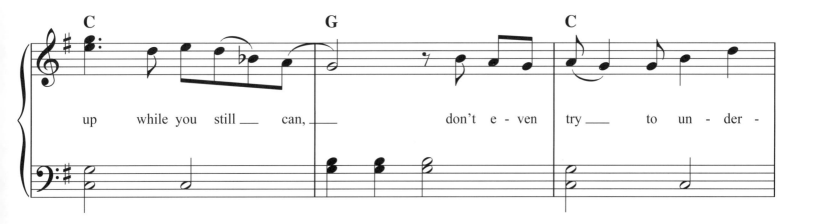

up while you still can, don't even try to under-

stand, just find a place to make your stand and take it

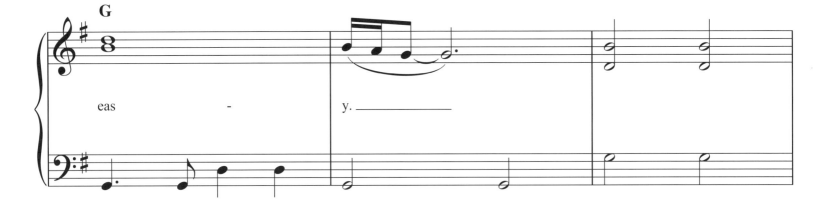

eas - y. _____

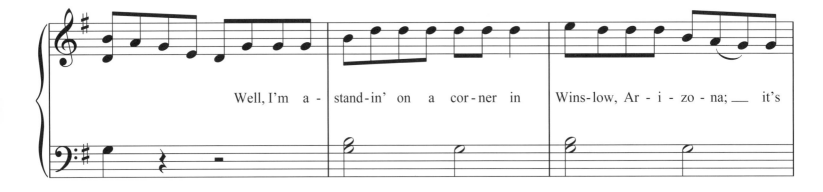

Well, I'm a - stand-in' on a cor-ner in Wins-low, Ar - i - zo - na; ___ it's

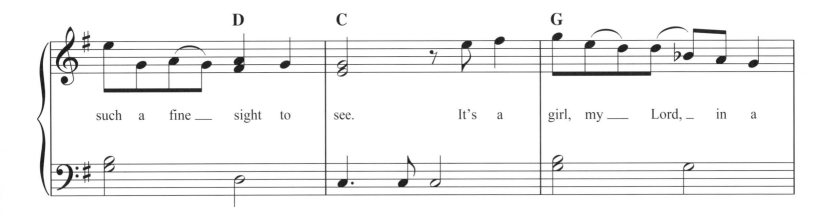

such a fine __ sight to see. It's a girl, my __ Lord, __ in a

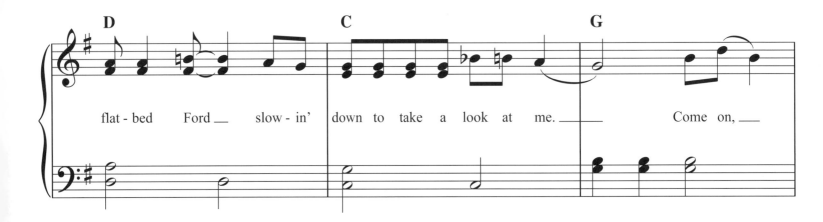

flat - bed Ford __ slow - in' down to take a look at me. _____ Come on, ___

ba - by, don't say ___ may -

be. I got-ta know if your ___ sweet love is gon - na

save ___ me. ___ We may lose and we may

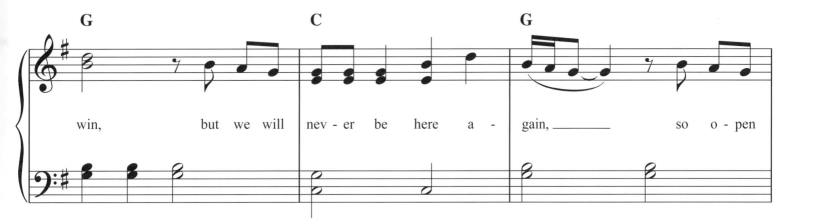

win, but we will nev-er be here a - gain, ___ so o - pen

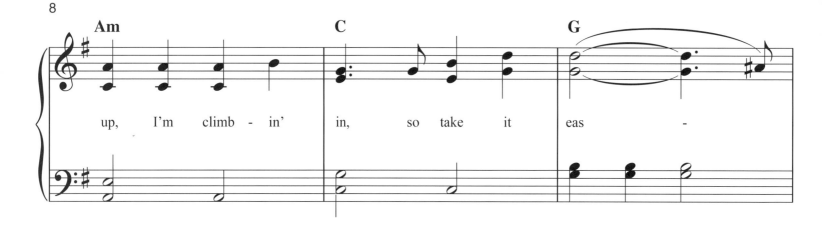

Am   **C**   **G**

up, I'm climb - in' in, so take it eas -

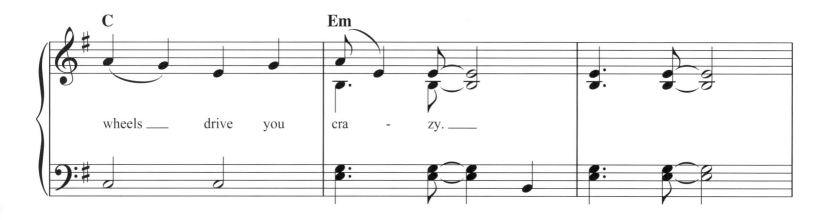

D.S. al Coda   **CODA**   **Em**   **Am**

y. _____ Well, I'm a -   Don't let the sound of your __ own

C   **Em**

wheels __ drive you cra - zy. __

G

WITCHY WOMAN

Words and Music by DON HENLEY
and BERNIE LEADON

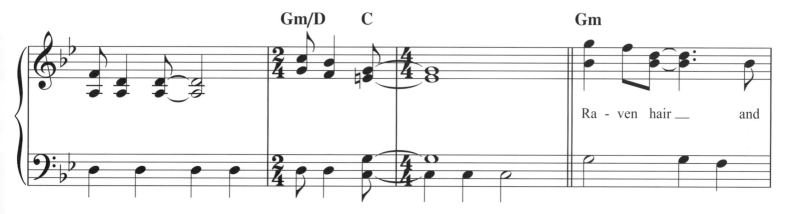

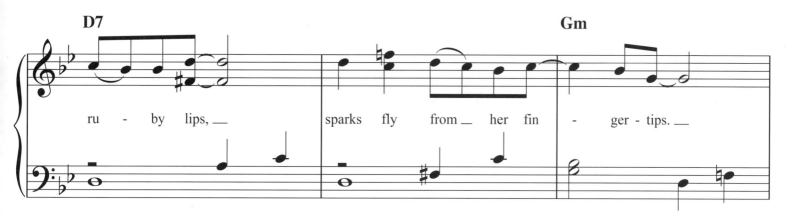

Ech-oed voic - es ___ in ___ the night, __ she's a rest - less spir - it on an

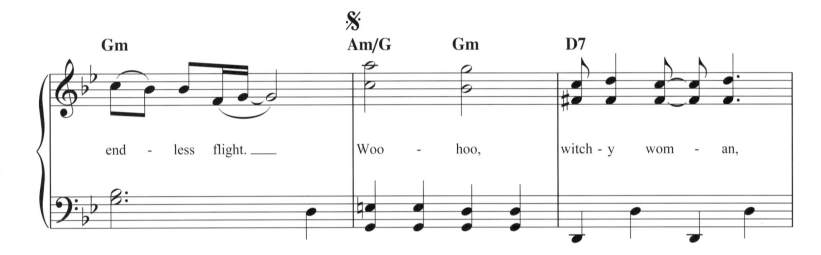

end - less flight. ___ Woo - hoo, witch - y wom - an,

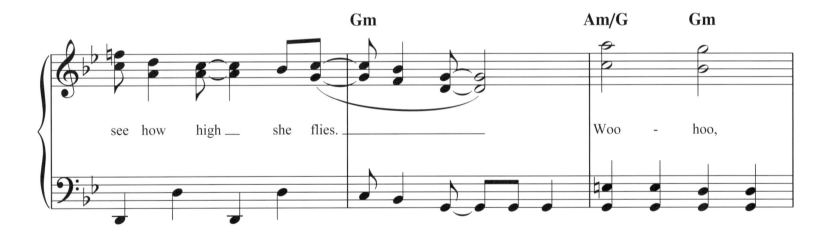

see how high __ she flies. _____ Woo - hoo,

witch - y wom - an, she got the moon __ in her eyes. ___

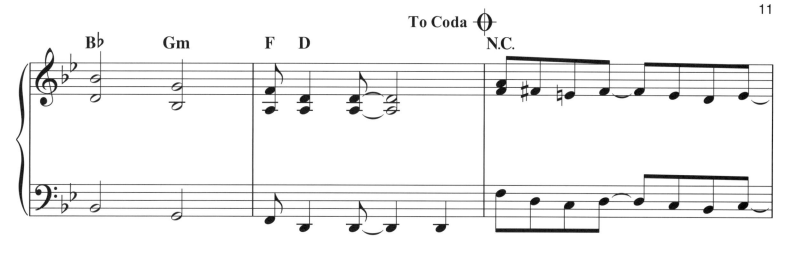

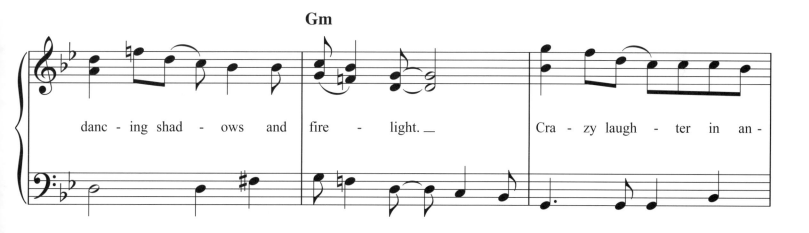

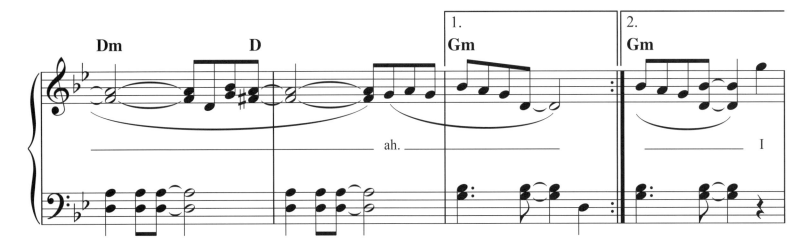

know you want to love her, but let me tell you, broth - er, she's been sleep-in' in the dev - il's bed. _

_ There's some ru - mors go - in' 'round, _ some-one's un - der - ground, _ she can

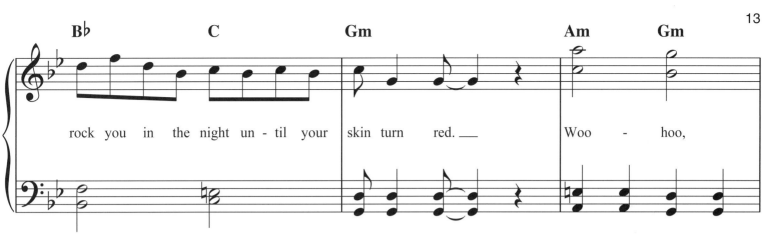

rock you in the night un-til your skin turn red. ___ Woo - hoo,

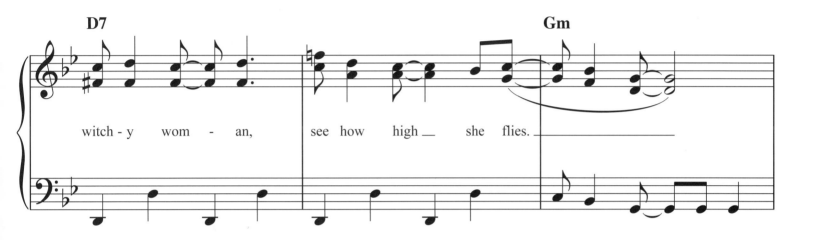

witch-y wom - an, see how high ___ she flies. ___

Woo - hoo, witch-y wom - an, she got the moon ___ in her eyes. ___

LYIN' EYES

Words and Music by DON HENLEY
and GLENN FREY

Moderately

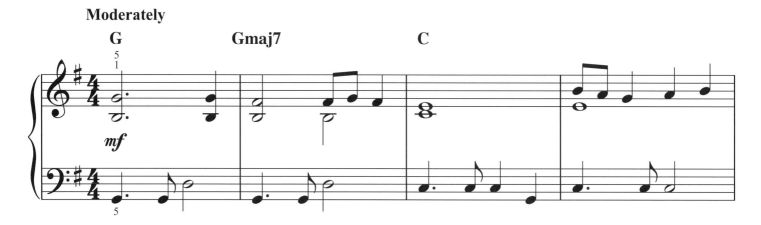

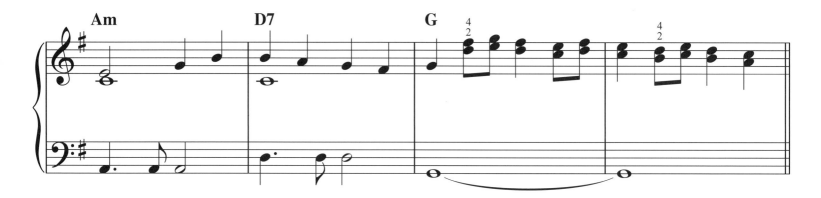

Cit - y girls ___ just seem to find ___ out ear - ly ___
She gets up ___ and pours her - self ___ a strong ___ one,

how to o - pen ___ doors ___ with just a smile.
and stares out ___ at the stars ___ up in the sky.

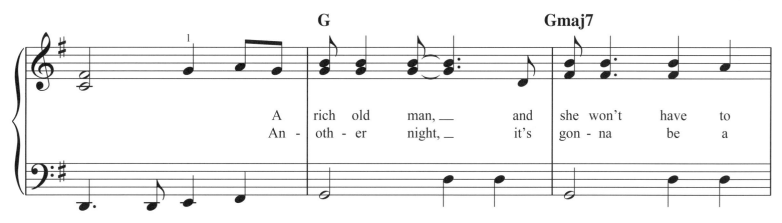

A rich old man, ___ and she won't have to
An - oth - er night, ___ it's gon - na be a

wor - ry. _____ She'll dress up all in
long one. _____ She draws the shade and

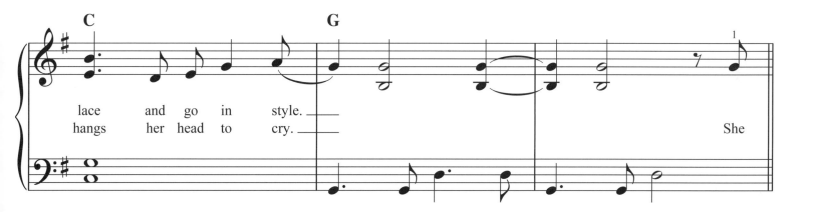

lace and go in style. ___
hangs her head to cry. ___   She

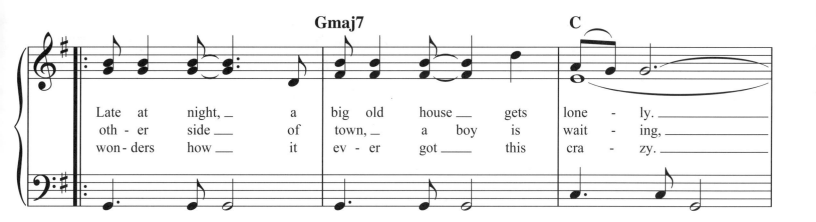

Late at night, ___ a big old house ___ gets lone - ly. ___
oth - er side ___ of town, ___ a boy is wait - ing, ___
won - ders how ___ it ev - er got ___ this cra - zy. ___

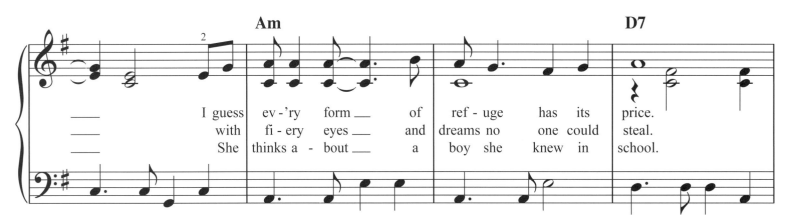

Am   **D7**

I guess ev-'ry form ___ of ref - uge has its price.
with fi - ery eyes ___ and dreams no one could steal.
She thinks a - bout ___ a boy she knew in school.

G   **Gmaj7**

And it breaks her heart ___ to think her love ___ is
She drives on through ___ the night an - ti - ci -
Did she get tired, ___ or did she just ___ get

C   **Am**

on - ly ___ giv - en to a man ___ with hands ___
pat - ing, ___ 'cause he makes her feel ___ the way
la - zy? ___ She's so far gone, ___ she feels ___

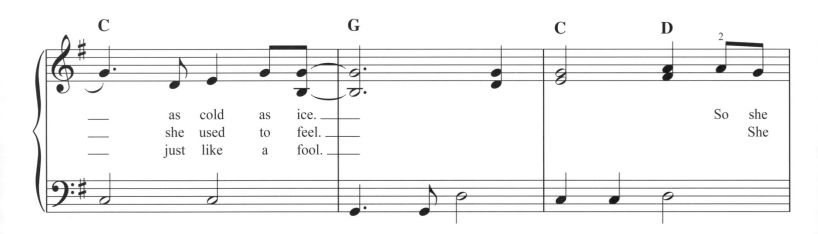

C   **G**   **C**   **D**

___ as cold as ice. ___ So she
___ she used to feel. ___ She
___ just like a fool.

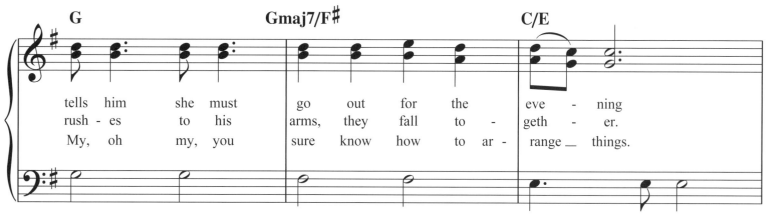

tells him she must go out for the eve - ning
rush - es to his arms, they fall to - geth - er.
My, oh my, you sure know how to ar - range _ things.

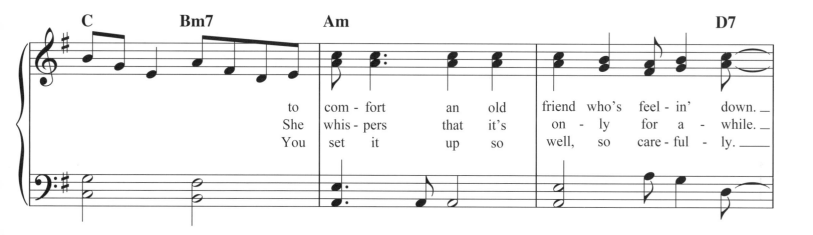

to com - fort an old friend who's feel - in' down. _
She whis - pers that it's on - ly for a - while. _
You set it up so well, so care - ful - ly. ____

But he knows where _ she's
She swears that soon _ she'll be
Ain't it fun - ny how _ your

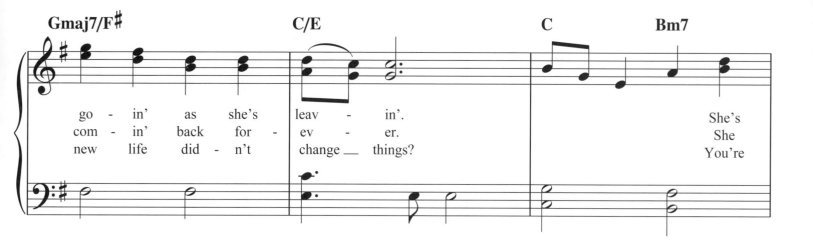

go - in' as she's leav - in'. She's
com - in' back for - ev - er. She
new life did - n't change _ things? You're

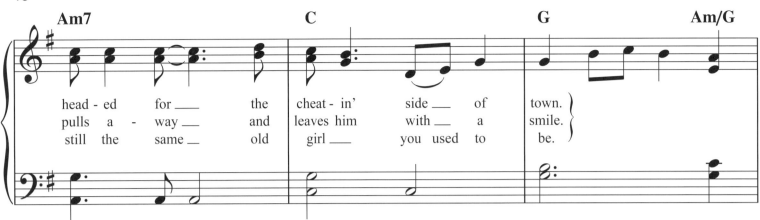

head-ed for ___ the cheat-in' side ___ of town.
pulls a - way ___ and leaves him with ___ a smile.
still the same ___ old girl ___ you used to be.

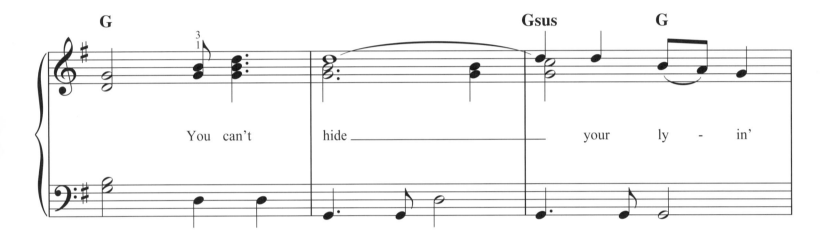

You can't hide _____ your ly - in'

eyes, and your smile _____

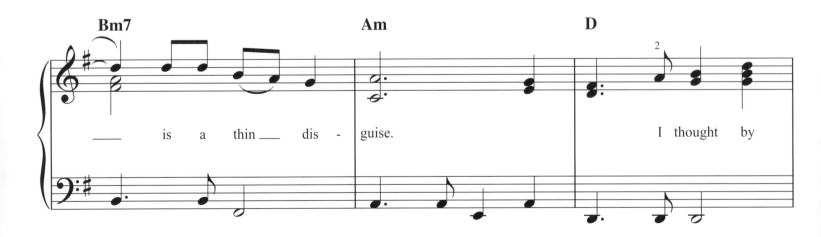

___ is a thin ___ dis - guise. I thought by

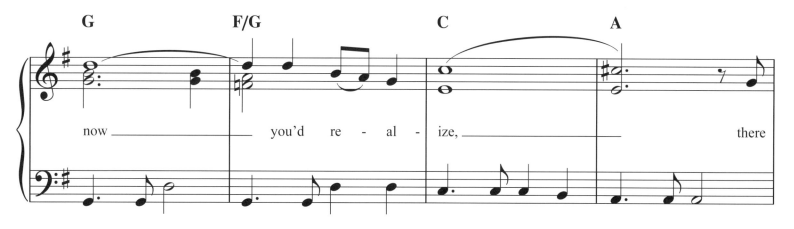

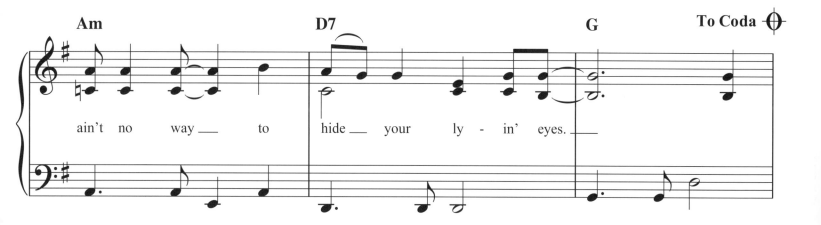

20

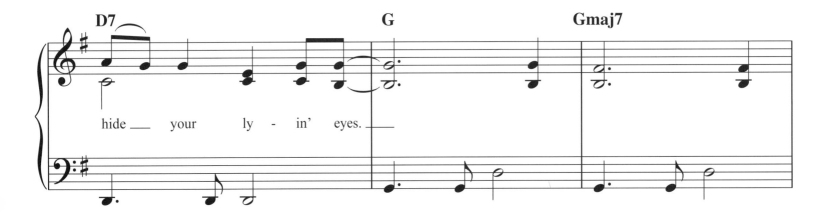

ALREADY GONE

Words and Music by JACK TEMPCHIN
and ROBB STRANDLUND

Moderate Rock beat

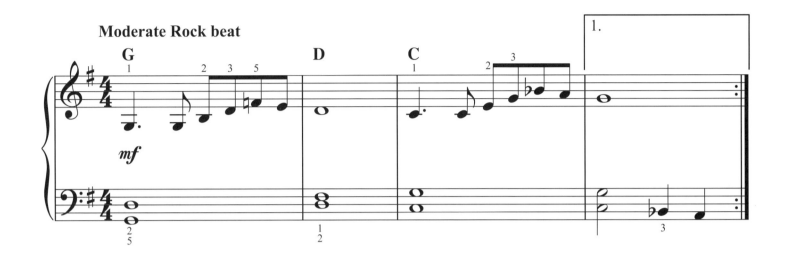

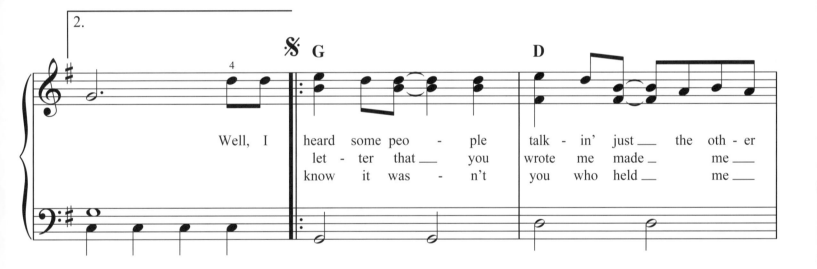

Well, I heard some peo - ple talk - in' just __ the oth - er
let - ter that __ you wrote me made __ me __
know it was - n't you who held __ me __

day, __ and they said you were gon - na
stop and won - der why, but I guess you felt like you
down. __ Heav - en knows it __ was - n't

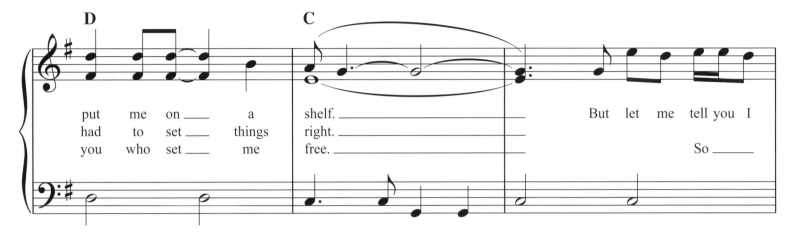

put me on ___ a shelf. ___ But let me tell you I
had to set ___ things right. ___
you who set ___ me free. ___ So ___

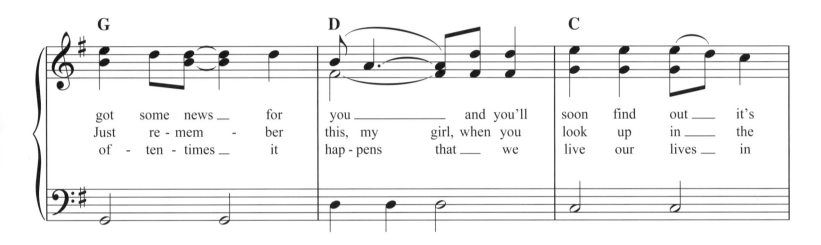

got some news ___ for you ___ and you'll soon find out ___ it's
Just re - mem - ber this, my girl, when you look up in ___ the
of - ten - times ___ it hap - pens that ___ we live our lives ___ in

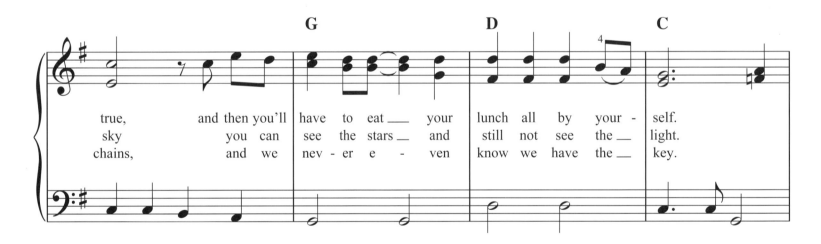

true, and then you'll have to eat ___ your lunch all by your - self.
sky you can see the stars ___ and still not see the ___ light.
chains, and we nev - er e - ven know we have the ___ key.

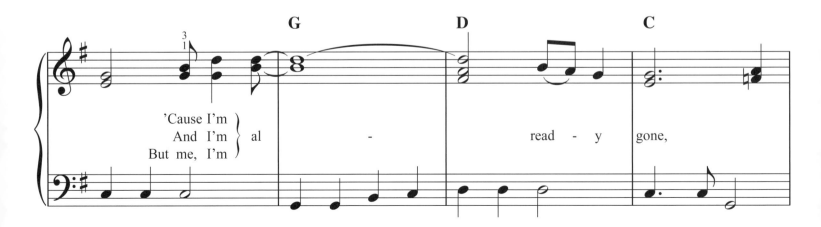

'Cause I'm
And I'm } al - read - y gone,
But me, I'm

23

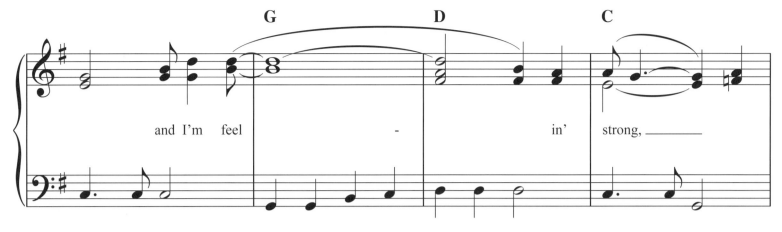

and I'm feel - in' strong, _____

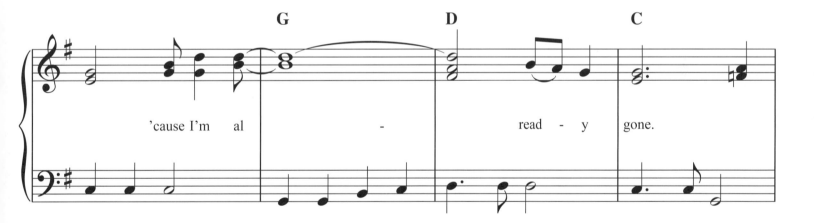

I will sing _____ this vic - t'ry song, __

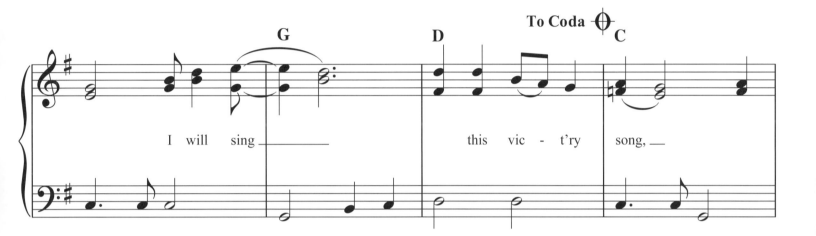

'cause I'm al - read - y gone.

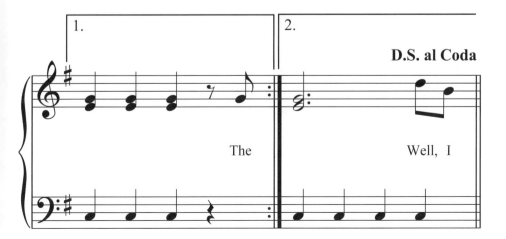

1. The

2. **D.S. al Coda**
Well, I

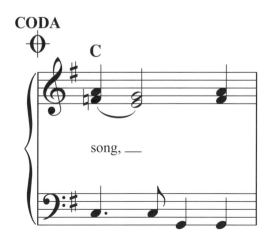

CODA
song, __

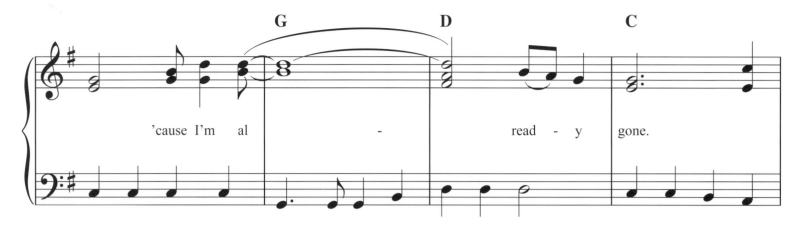

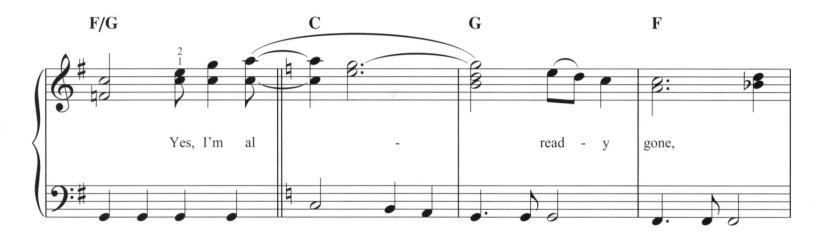

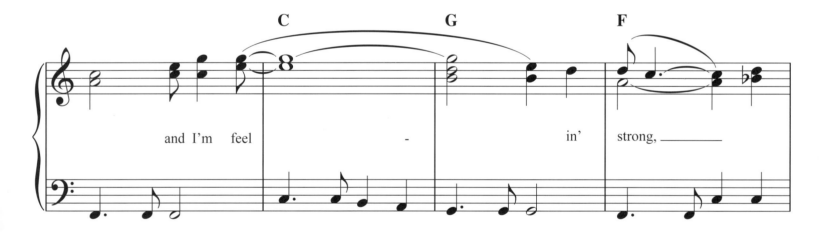

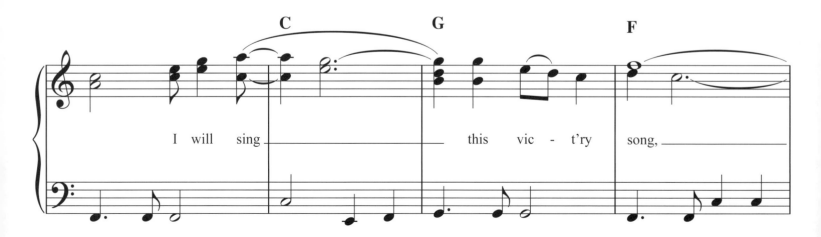

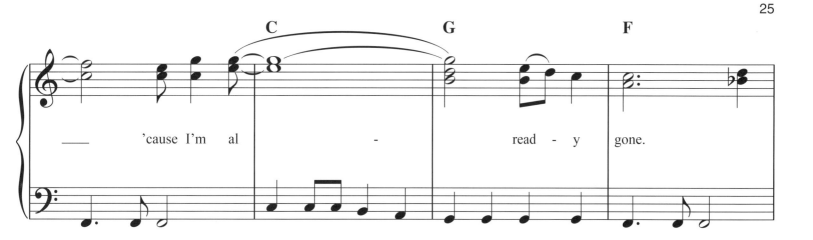

'cause I'm al - read - y gone.

Al - read - y gone.

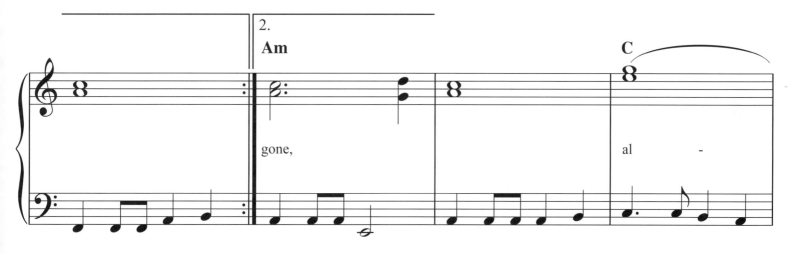

gone, al -

read - y gone. *rit.*

DESPERADO

Words and Music by DON HENLEY
and GLENN FREY

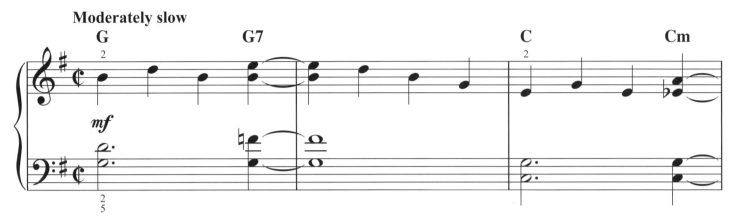

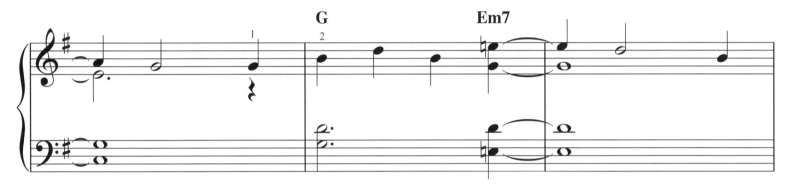

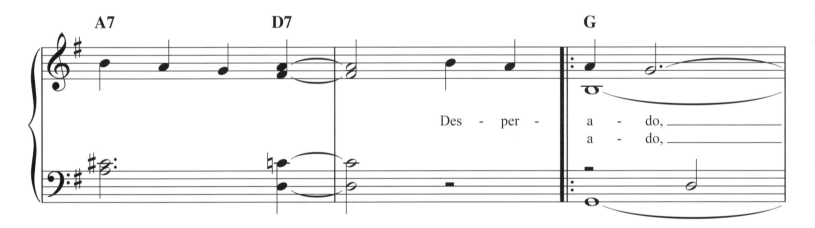

Des - per -   a -   do,____
a -   do,____

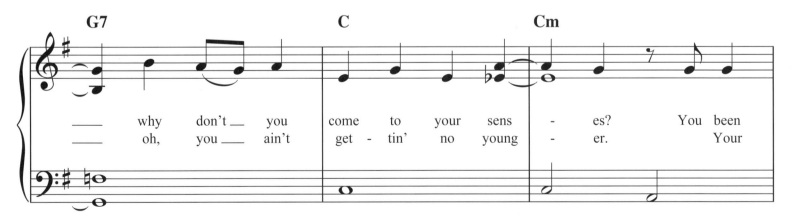

____ why   don't___ you   come   to   your   sens   -   es?   You been
____ oh,   you ___ ain't   get - tin' no   young   - er.   Your

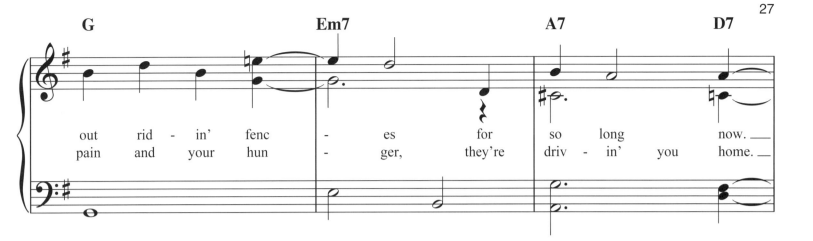

out rid - in' fenc - es for so long now. ___
pain and your hun - ger, they're driv - in' you home. ___

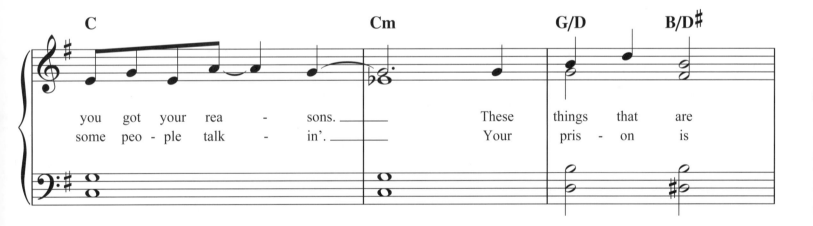

___ Oh, you're a hard one. I know that
___ And free - dom, oh, free - dom, well, that's just

you got your rea - sons. ___ These things that are
some peo - ple talk - in'. ___ Your pris - on is

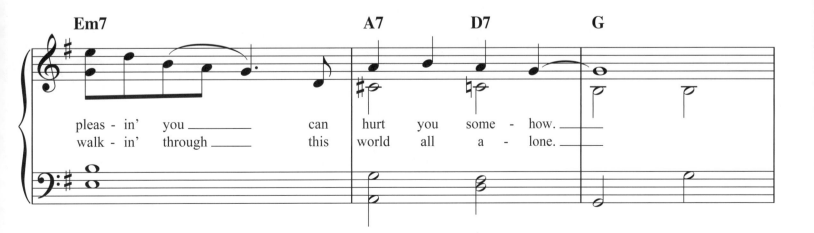

pleas - in' you ___ can hurt you some - how. ___
walk - in' through ___ this world all a - lone. ___

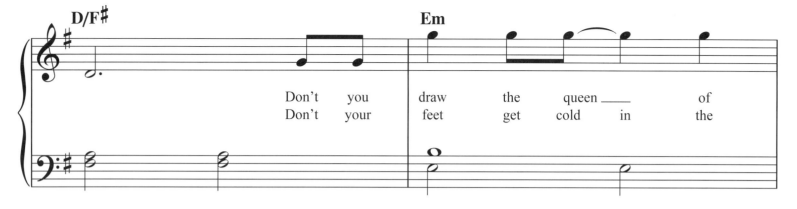

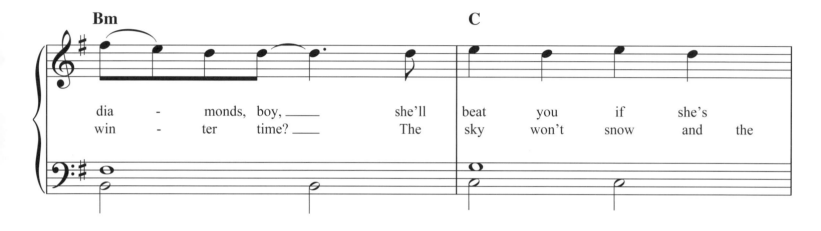

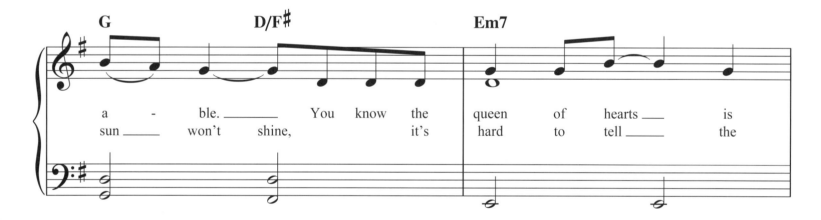

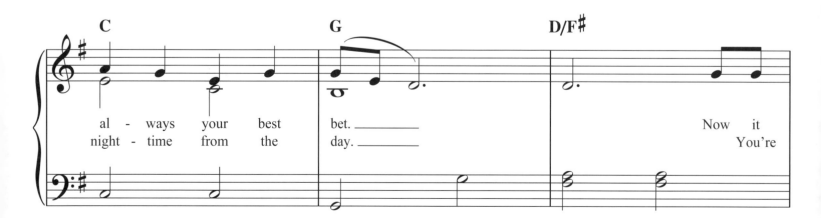

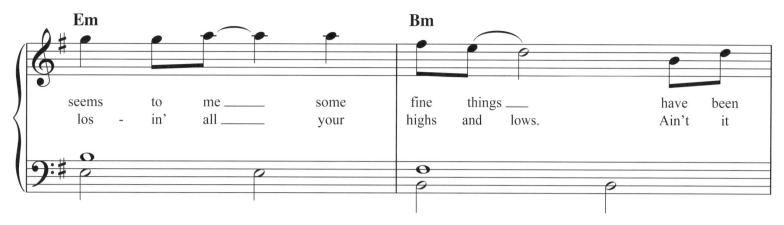

seems to me _____ some fine things _____ have been
los - in' all _____ your highs and lows. Ain't it

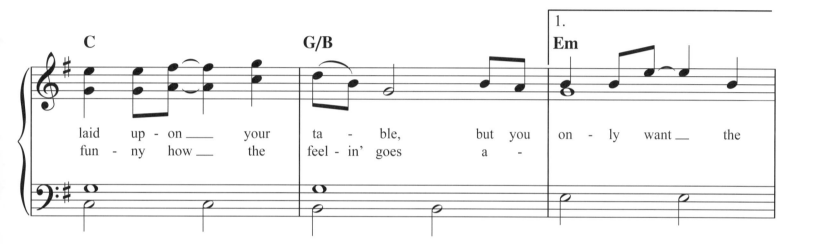

laid up - on _____ your ta - ble, but you on - ly want _____ the
fun - ny how _____ the feel - in' goes a -

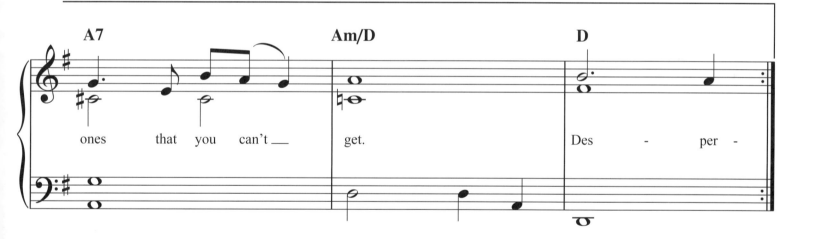

ones that you can't ___ get. Des - per -

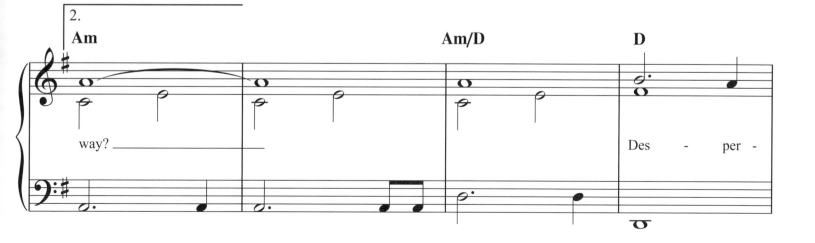

way? _____ Des - per -

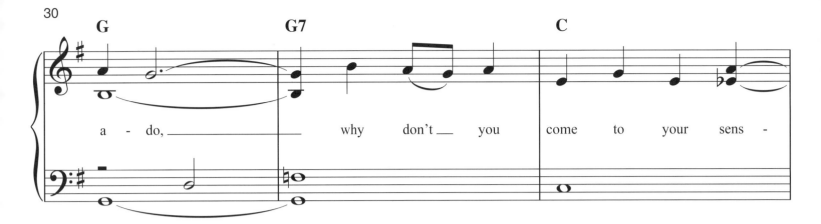

a - do, _____ why don't __ you come to your sens -

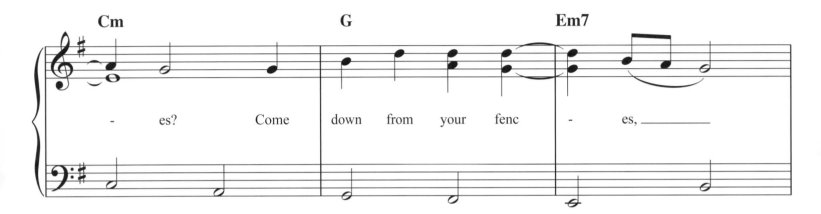

- es? Come down from your fenc - es, _____

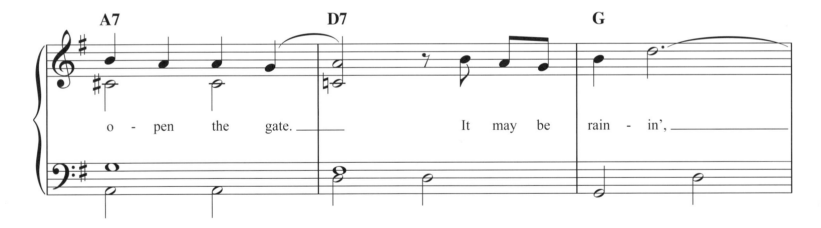

o - pen the gate. ___ It may be rain - in', _____

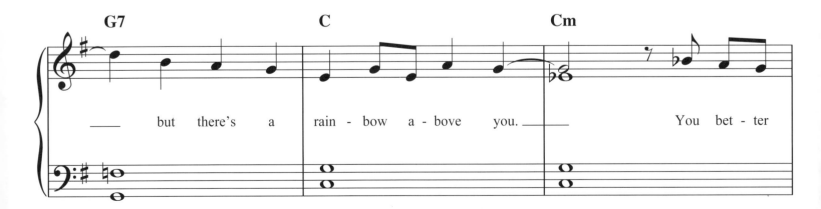

___ but there's a rain - bow a - bove you. ___ You bet - ter

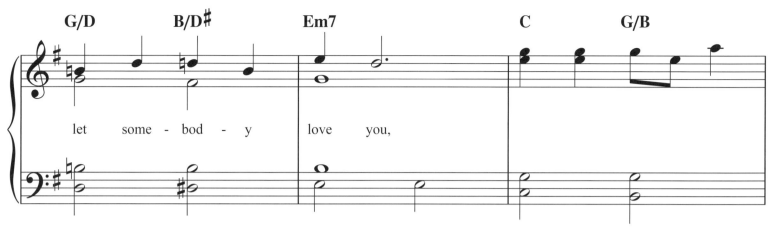

let some-bod - y love you,

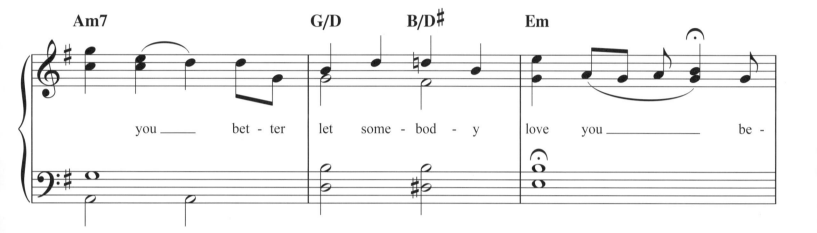

you ___ bet - ter let some-bod - y love you ___ be -

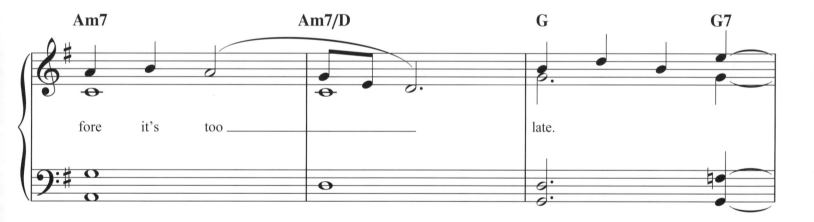

fore it's too ___ late.

rit.

ONE OF THESE NIGHTS

Words and Music by DON HENLEY
and GLENN FREY

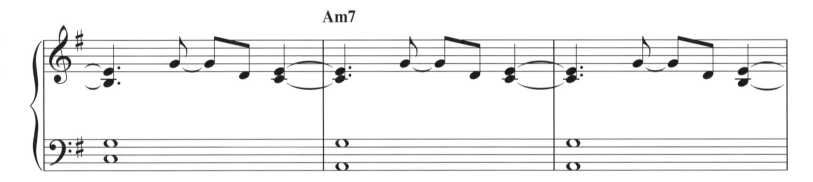

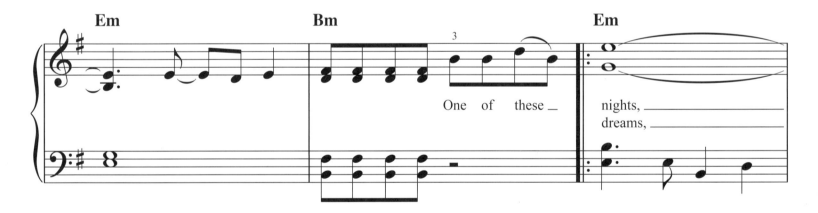

One of these ___ nights, ___
dreams, ___

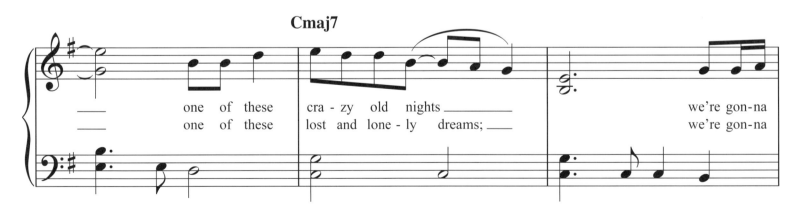

___ one of these   cra-zy old nights ___   we're gon-na
___ one of these   lost and lone-ly dreams; ___   we're gon-na

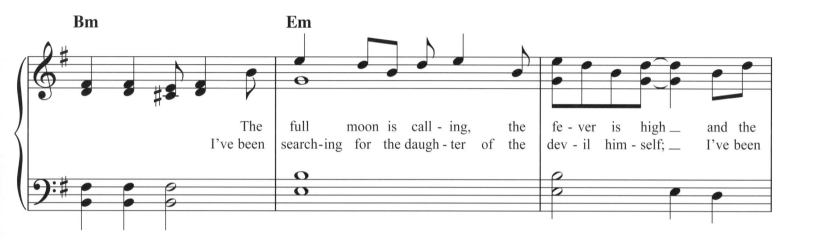

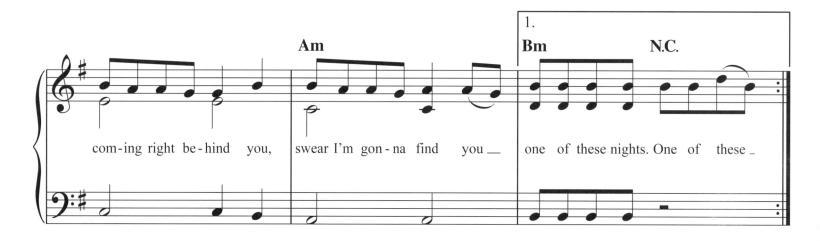

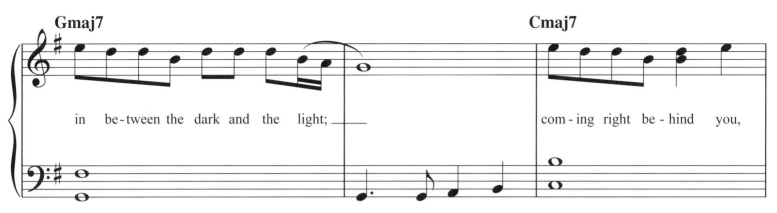

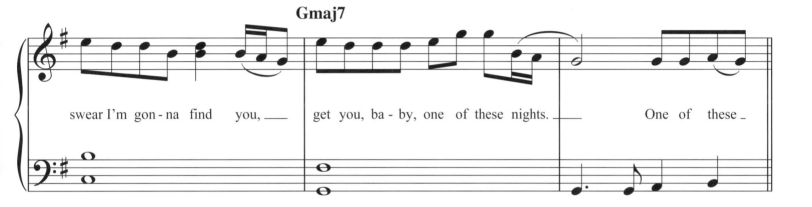

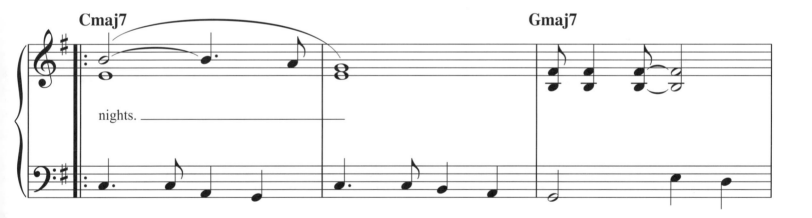

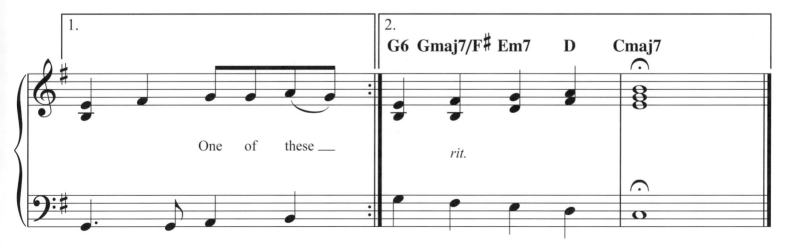

TEQUILA SUNRISE

Words and Music by DON HENLEY
and GLENN FREY

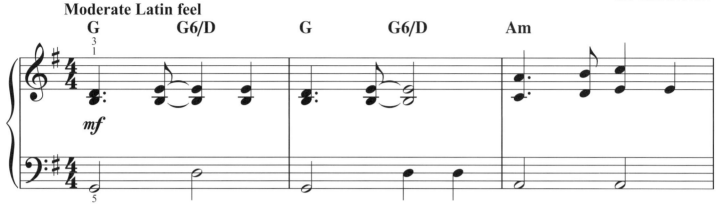

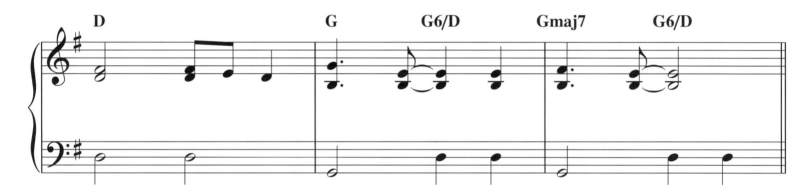

It's an-oth-er te-qui - la sun - rise star-in' slow-
She __ was-n't just an-oth-er wom - an and I could-n't

- ly 'cross __ the sky, __ said good - bye. __
keep from com-in' on, __ it's been so long. __

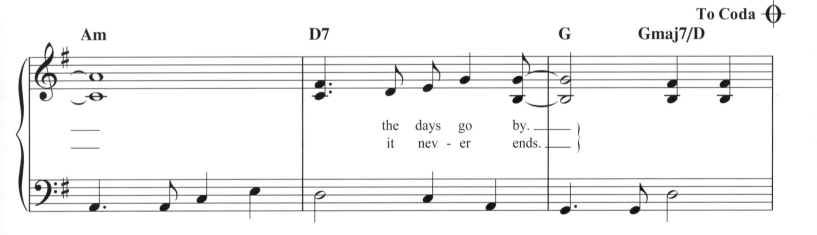

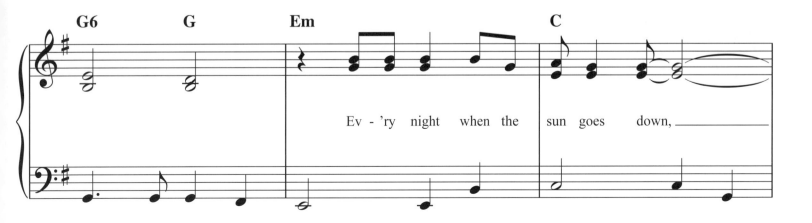

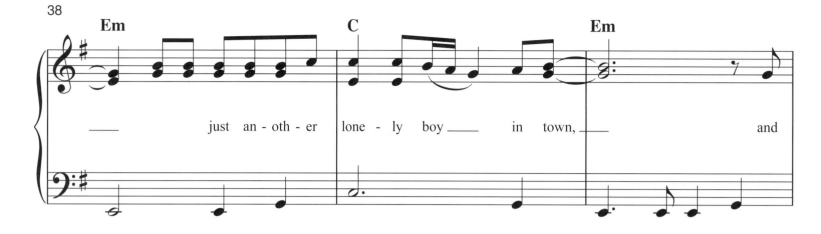

just an-oth-er lone-ly boy _____ in town, _____ and

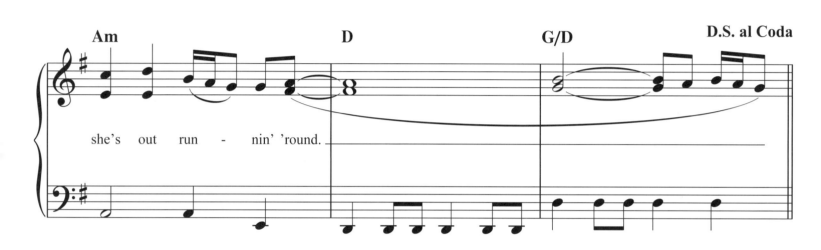

D.S. al Coda

she's out run - nin' 'round. _____

CODA

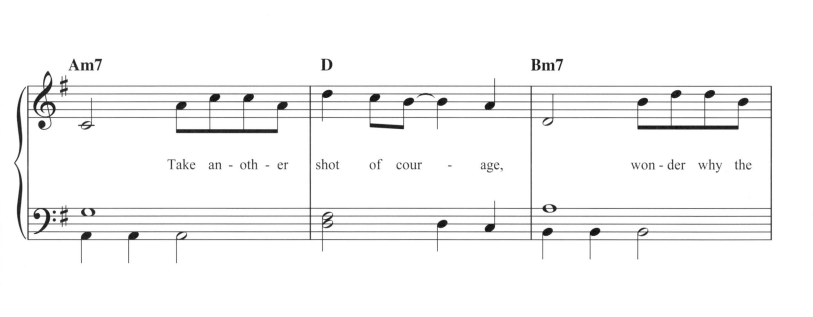

Take an-oth-er shot of cour - age, won-der why the

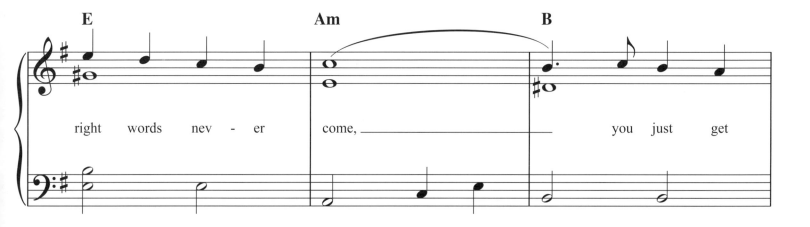

right words nev - er come, you just get

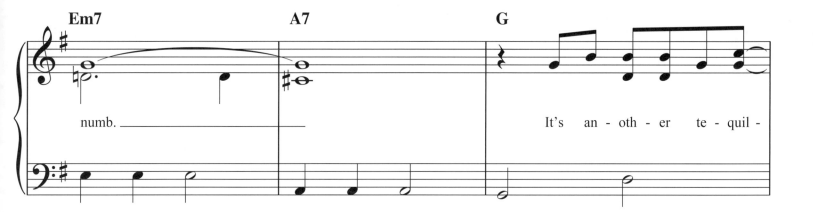

numb. It's an-oth-er te-quil-

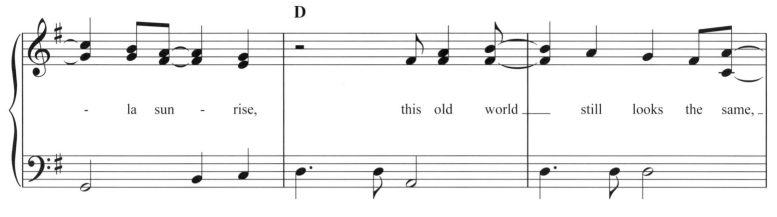

- la sun - rise, this old world still looks the same,

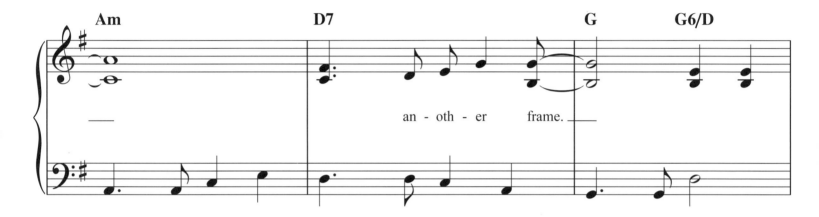

an - oth - er frame.

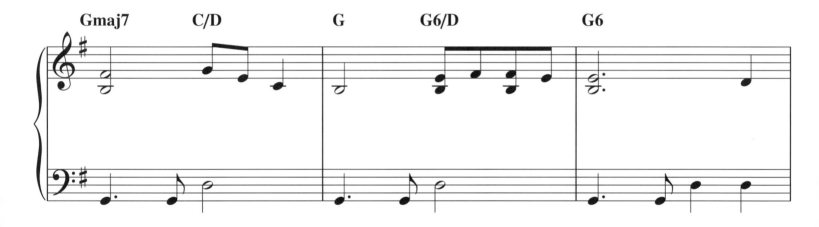

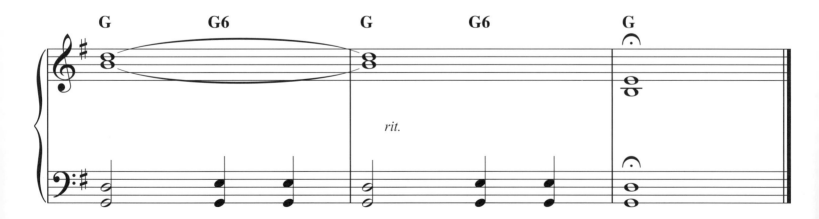

rit.

TAKE IT TO THE LIMIT

Words and Music by DON HENLEY,
GLENN FREY and RANDY MEISNER

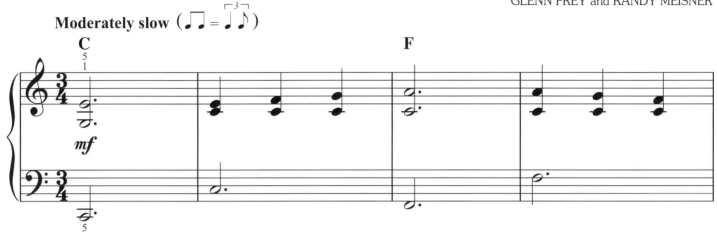

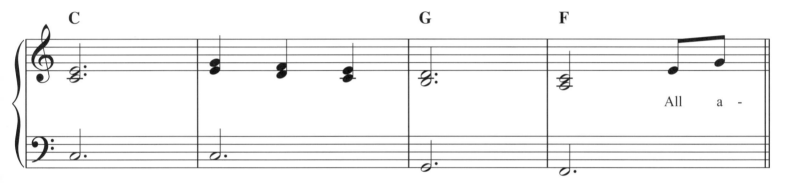

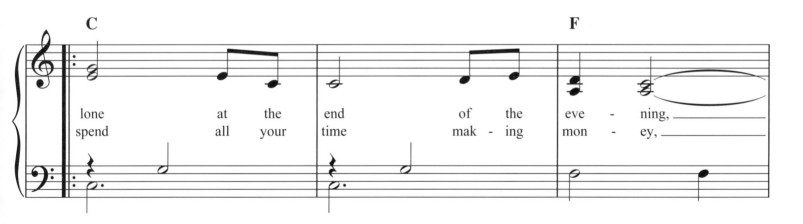

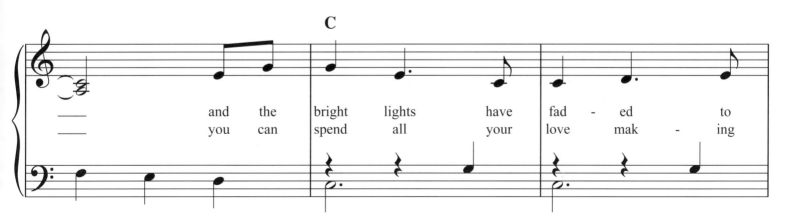

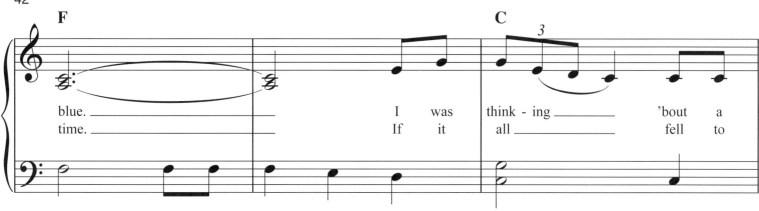

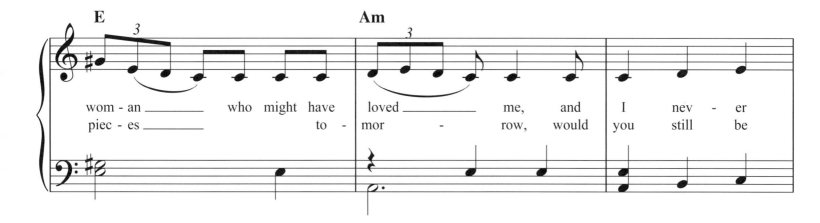

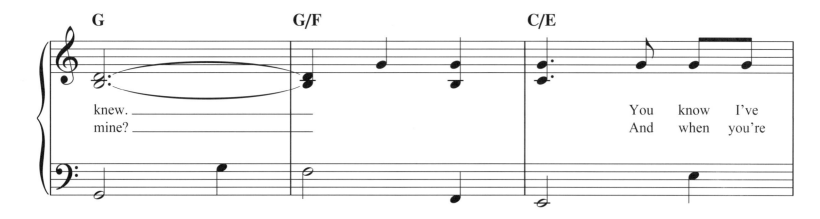

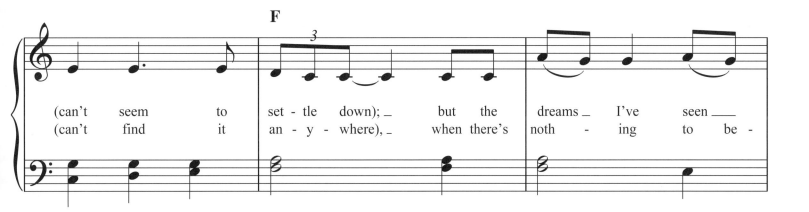

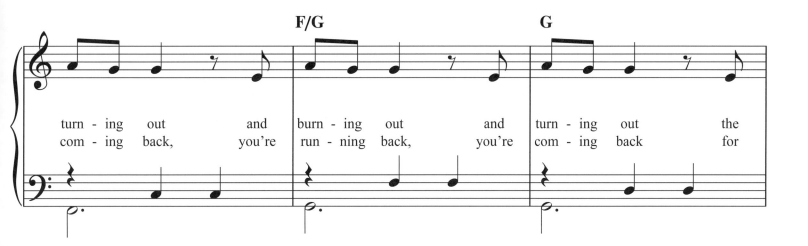

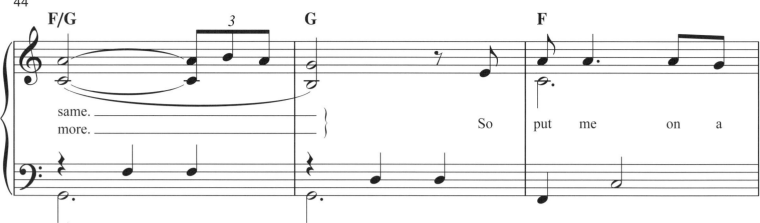

same. _____
more. _____ So put me on a

high - way _____ and show me a sign, _____ and

take it to the lim - it one more _ time. _____

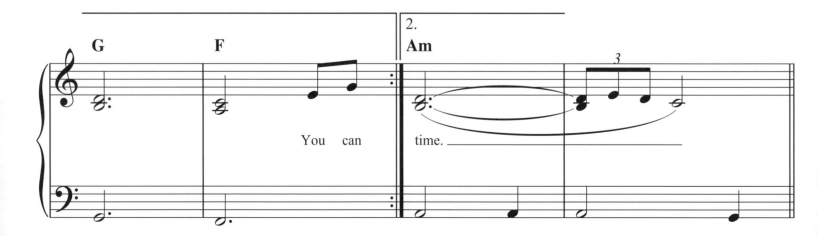

You can time. _____

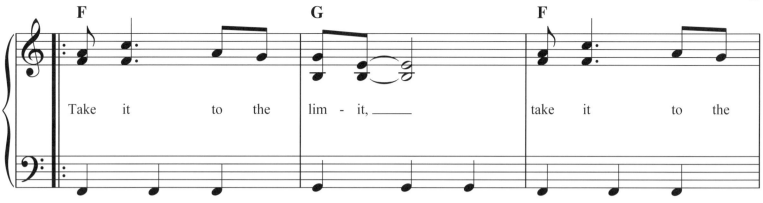

Take it   to the   lim - it, _____   take   it   to   the

lim - it, _____   take   it   to   the   lim - it   one   more _

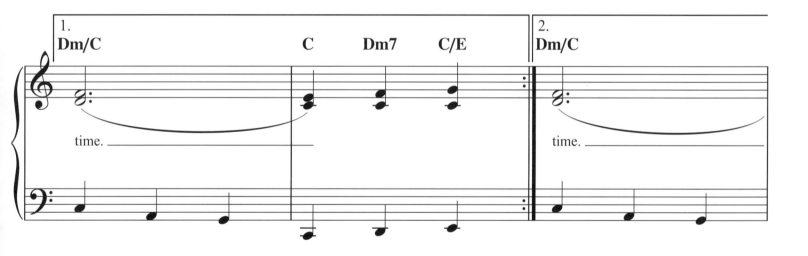

1.
Dm/C   **C**   **Dm7**   **C/E**   **2.**
Dm/C

time. _____   time. _____

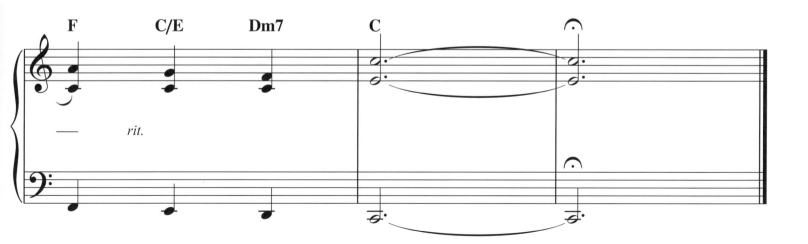

F   **C/E**   **Dm7**   **C**

_   *rit.*

BEST OF MY LOVE

Words and Music by DON HENLEY,
GLENN FREY and JOHN DAVID SOUTHER

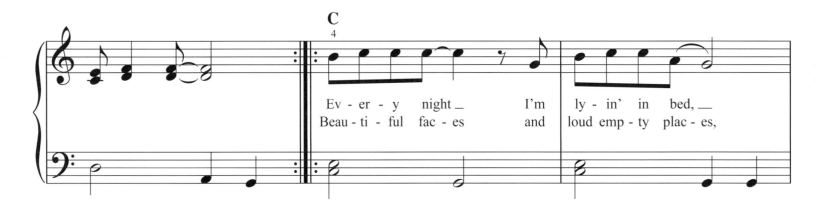

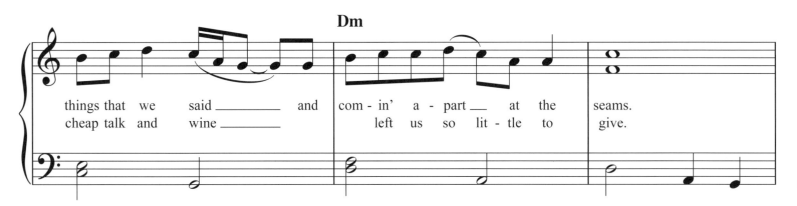

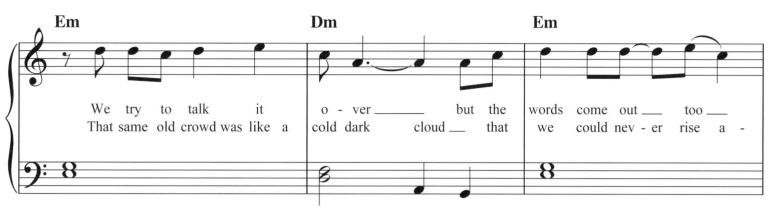

We try to talk it o - ver _____ but the words come out _____ too _____
That same old crowd was like a cold dark cloud _____ that we could nev - er rise a -

rough; I know you were try - in' to give me the best _____ of your
bove; but here in my heart _____ I give you the best _____ of my

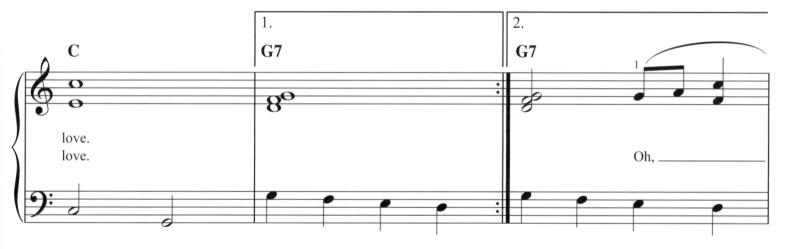

love.
love.

Oh, _____

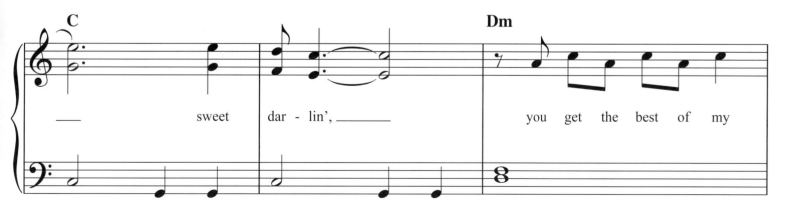

_____ sweet dar - lin', _____ you get the best of my

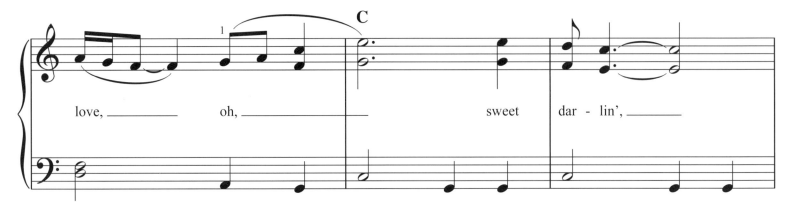

love, _____ oh, _____ sweet dar - lin', _____

Dm ... **Fm7**

you get the best of my love. I'm go - in'

C

back in time ___ and it's a sweet ___ dream; ___ it was a

Fm7 ... **Dm7**

qui - et night ___ and I would be all ___ right ___ if I could go ___ on

sleep - ing. But ev - 'ry morn - in' I wake up and wor - ry

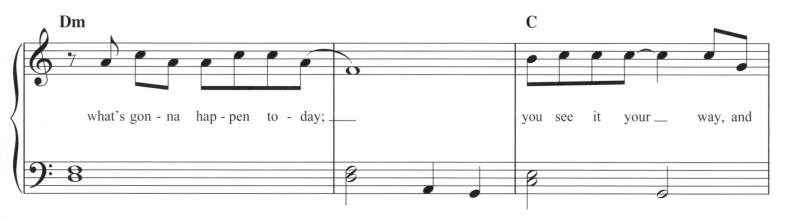

what's gon - na hap - pen to - day; ___ you see it your __ way, and

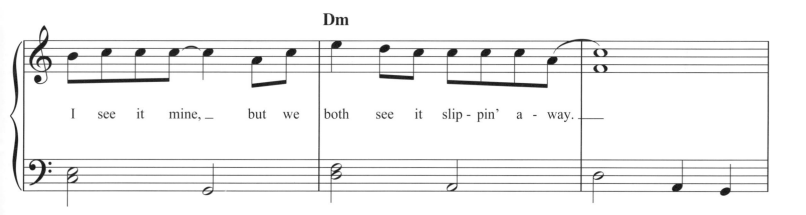

I see it mine, _ but we both see it slip - pin' a - way. ___

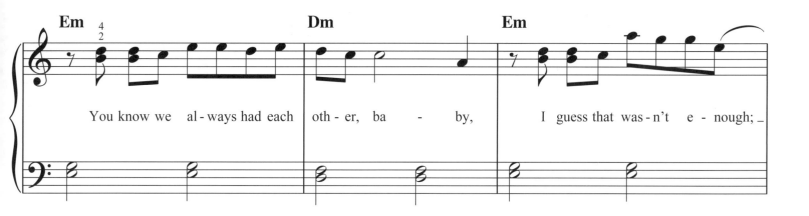

You know we al - ways had each oth - er, ba - by, I guess that was - n't e - nough; _

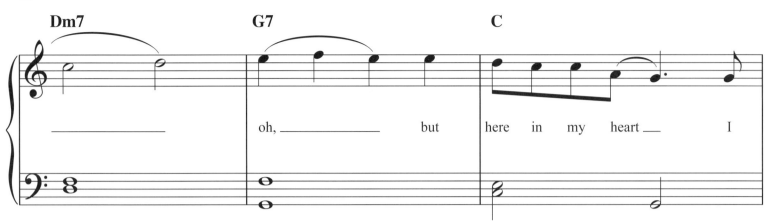

oh, _____ but here in my heart ___ I

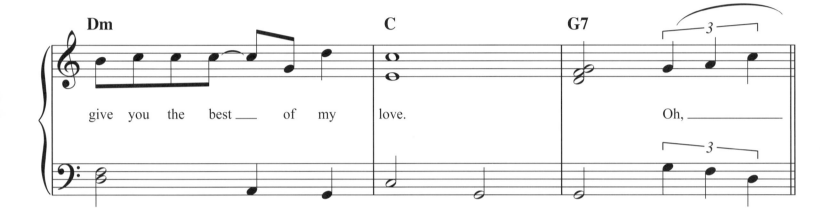

give you the best ___ of my love. Oh, _____

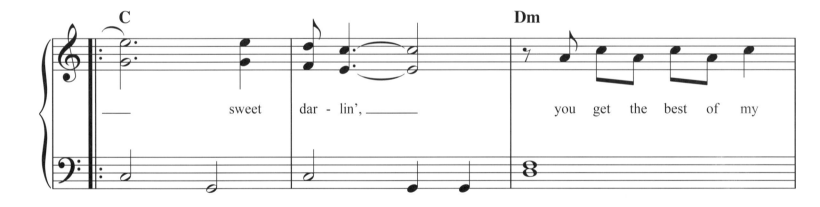

___ sweet dar - lin', _____ you get the best of my

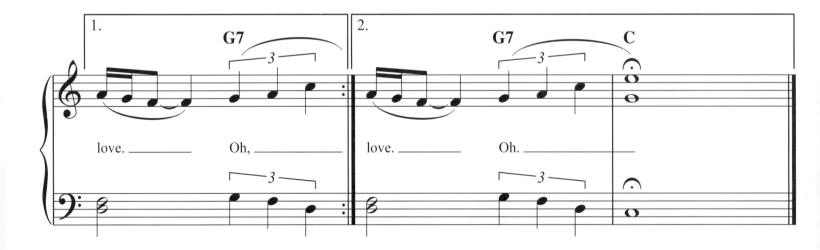

love. _____ Oh, _____ love. _____ Oh.

PEACEFUL EASY FEELING

Words and Music by
JACK TEMPCHIN

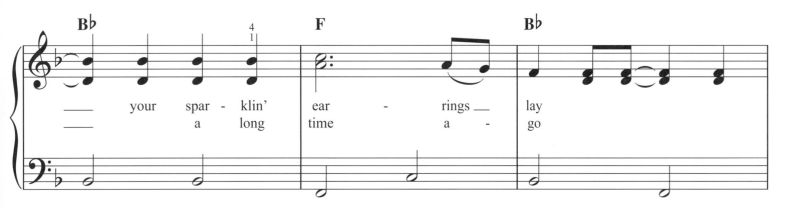

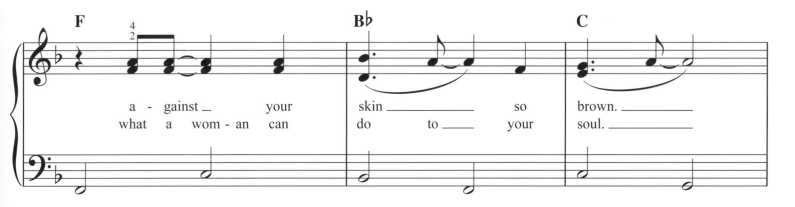

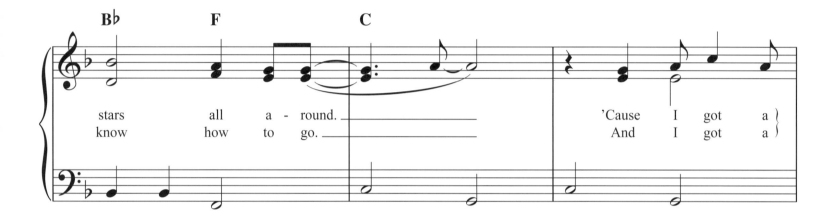

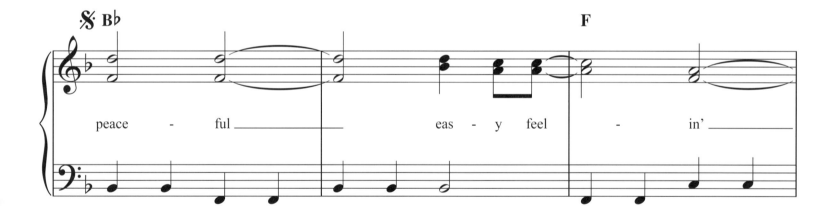

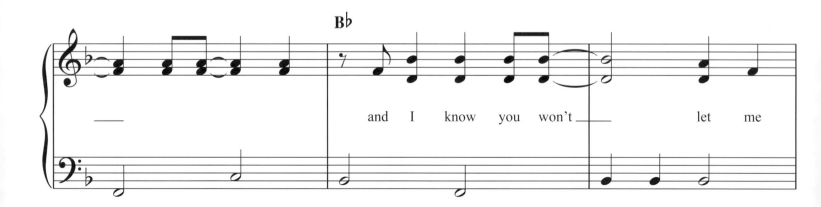

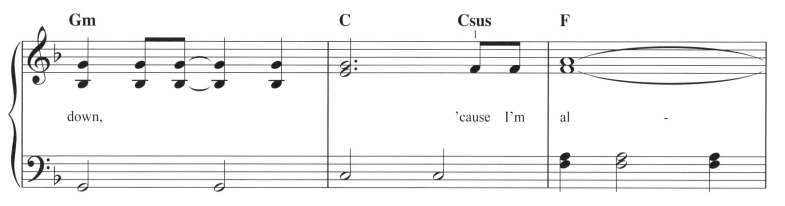

down,   'cause I'm al -

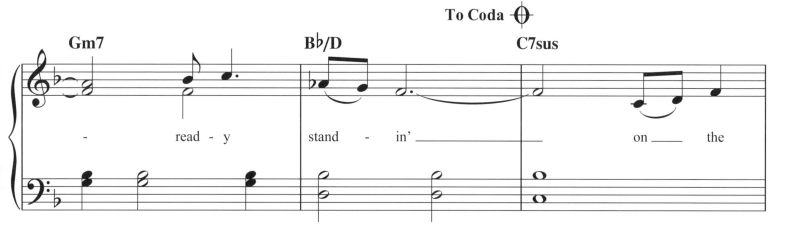

To Coda ⊕

- read - y   stand - in' _____   on ___ the

ground.

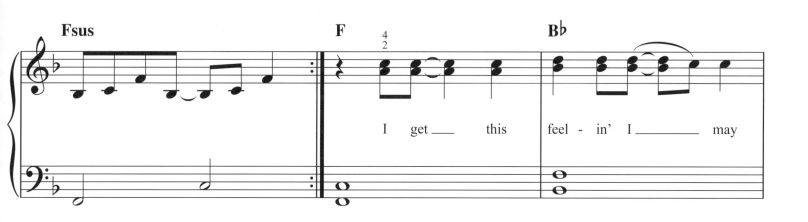

I get ___ this   feel - in' I _____ may

54

know _____ you as a lov-

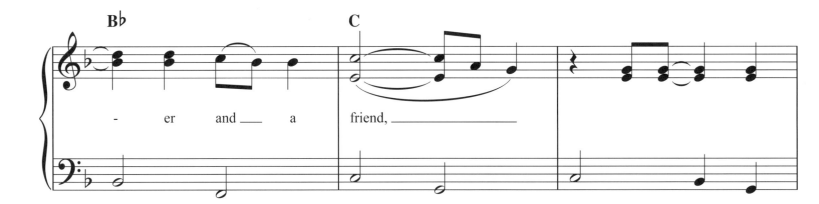

- er and ___ a friend, _____

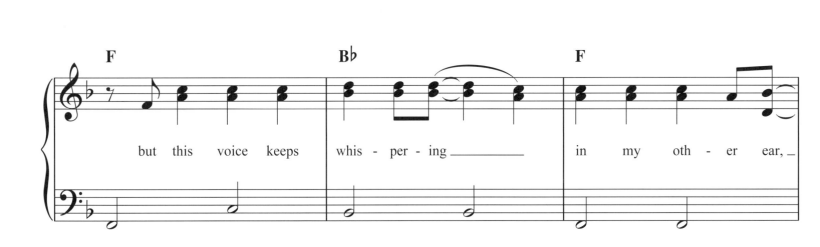

but this voice keeps whis - per - ing _____ in my oth - er ear, __

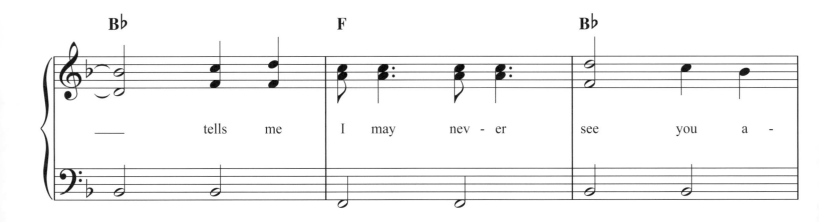

___ tells me I may nev - er see you a -

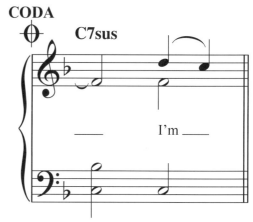

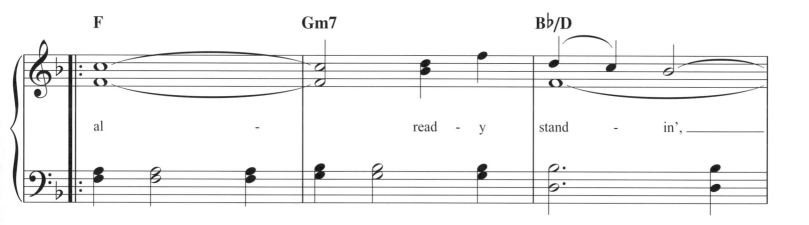
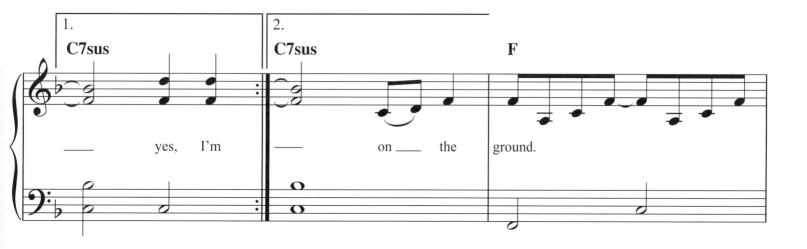